DR.ANTONIA CERVINSKI-QUERENBURG

"Daaf ich ma am Rotkohl?"

Ruhrdeutsch mit der
bekannten Sprachforscherin
- von Rainer Bonhorst -

HENSELOWSKY
BOSCHMANN

Gestaltung:
Almud Bonhorst
Illustrationen:
mit freundlicher Genehmigung von
Klaus Pielert
(Titelzeichnung; S.17,23,25,29,
31,33,41,47,51,59,69,71,77)
Frank Cerny
(S.7,9,11,13,15,19,21,27,35,37,39,43,
45,49,53,55,57,61,63,65,67,73,75,79)
Druck:
Offizin Anderson Nexö, Leipzig

©Verlag Henselowsky Boschmann
Kiek ut 20, 4300 Essen 11
1. Auflage, September 1992
ISBN 3-922750-17-6

Rainer Bonhorst,
Jahrgang 1942, geboren in Nürnberg,
wo der Rotkohl Blaukraut heißt,
aufgewachsen in Essen,
ist Redakteur bei der
Westdeutschen Allgemeinen Zeitung.
Seine Interviews
mit der Sprachforscherin
Dr. Antonia Cervinski-Querenburg
erscheinen regelmäßig in der WAZ.

Inhalt

Vorwort

Reporter	Frau Dr. Antonia Cervinski-Querenburg, warum machen Sie sich eigentlich so für das Ruhrdeutsch stark?
Dr.Antonia	Mach ich mich doch gaanich. Dat Ruhrdeutsch is auch ohne mich en staaket Stück.
Reporter	Von wem haben Sie denn die Sprache gelernt? Von Kumpel Anton oder von seinem Freund Cervinski?
Dr.Antonia	Übber meine pummelige Verwandtschaft hamse mich doch schon ausgequetscht.
Reporter	Richtig. Das Interview steht auf Seite 20: Dr. Antonia und ihre Omma.
Dr.Antonia	Ehmt.
Reporter	Zu den Zeiten Ihrer verehrten Vorfahren ging man im Ruhrgebiet entweder in den Bergbau oder ins Stahlwerk.
Dr.Antonia	Im Pütt odder am Hochofen.
Reporter	Heute gehen viel mehr Leute ins Büro oder zur Universität.
Dr.Antonia	Im Bürro odder anne Uni.
Reporter	Auch die Schauplätze, an denen ruhrdeutsch gesprochen wird, haben sich verändert.
Dr.Antonia	Ährlich?
Reporter	Es ist nicht mehr nur die Theke, sondern auch das Speiserestaurant.
Dr.Antonia	Nix gegen paa kleine Pilzkes.
Reporter	Aber man ist doch anspruchsvoller geworden. Ich sage nur: Französische Cuisine.
Dr.Antonia	Wem seine Kusine?

Reporter	Eine ähnlich alberne Frage steht schon in einem Interview. Seite 76.
Dr.Antonia	Kannzema sehn.
Reporter	Sie müssen doch zugeben, daß im Ruhrgebiet vieles edler und feiner geworden ist.
Dr.Antonia	Die Pommfritz giptet immer noch mit odder mit ohne.
Reporter	Ich spreche ja nicht nur vom Essen. Ich meine auch unsere Freizeit. Unsere Hobbys. Das Reisen. Gerade Sie, Frau Dr. Antonia Cervinski-Querenburg, betreiben Ihre Sprachforschungen in der ganzen Welt.
Dr.Antonia	Klaa, am Ahno iset schön.
Reporter	Und in der Champagne.
Dr.Antonia	Und im Schräbber.
Reporter	Wie bitte?
Dr.Antonia	Im Gaaten. Inne Kollenie.
Reporter	Sie können doch nicht bestreiten, daß im Ruhrgebiet vieles anders geworden ist. Da muß sich doch auch die Sprache entwickelt haben.
Dr.Antonia	Klaa. Hazze. Rattatui war früher kein Ruhrgebietswort.
Reporter	Ratta wat?
Dr.Antonia	Herr Reporter, diese Frage kommt ebenfalls in einem unserer Interviews vor. Seite 77.
Reporter	Schuldigense, Frau Dr. Antonia Cervinski-Querenburg. Wir müssen mittat Vorwort Schluß machen, damit datti Leute endlich die Interviews lesen können.

Dr. Antonia Cervinski-Querenburg

Reporter Frau Dr. Antonia Cervinski-Querenburg, Sie befassen sich als Soziologin mit den Sitten und Sprachgebräuchen des Ruhrgebiets ...

Dr. Antonia Richtig. Und ich versichere Ihnen: Das ist ein vielschichtiges Betätigungsfeld.

Reporter Und ein sprachlich interessantes. Ich denke da zum Beispiel an den Werbespruch: »Essen sein Schatz«.

Dr. Antonia Ja, ein sehr gelungener, mutiger Spruch. Er wirbt auf volkstümliche Weise für den Essener Münsterschatz. Man darf diesen Spruch getrost als einen historischen Durchbruch verstehen. Als ein Signal dafür, daß sich das Revierdeutsch emanzipiert.

Reporter Und hochoriginell ...

Dr. Antonia Nun, Essen sein Schatz hat historische Vorbilder. Meine Nachforschungen haben ergeben, daß er auf einen anderen, für die Region typischen Satz zurückzuführen ist.

Reporter Und der wäre?

Dr. Antonia Meine Frau seine Handtasche.

Reporter Wie bitte?

Dr. Antonia Meine Frau seine Handtasche. Eine im Ruhrgebiet weithin bekannte Formulierung, quasi die Verkörperung unserer Ruhrsprache.

Reporter Und was hat die Handtasche mit dem Essener Münsterschatz zu tun?

Dr.Antonia	Die Verwandtschaft ist nicht inhaltlicher, sondern grammatischer Natur. Wobei meine Frau seine Handtasche fast noch interessanter ist als Essen sein Schatz. Beide Formulierungen geben Antwort auf eine ähnliche Frage: Wem sein Schatz? Essen sein Schatz. Wem seine Handtasche? Meine Frau seine Handtasche.
Reporter	Ja, aber müßte es denn nicht heißen: Meine Frau ihre Handtasche?
Dr.Antonia	Eben nicht. Meine Frau ihre - das wäre zwar die korrekte Geschlechtswahl. Aber es wäre gequältes Honoratioren-Revierdeutsch. Meine Frau seine - in dieser Formulierung liegt die ganze ursprüngliche Kühnheit unserer Region.
Reporter	Frau Dr. Antonia Cervinski-Querenburg, ich danke Sie für dieses Gespräch.

Dr. Antonia und der Rotkohl

Reporter
Frau Dr. Antonia Cervinski-Querenburg, Sie möchten als Ruhrgebiets-Soziologin eine Bresche für das oft unterschätzte Wörtchen »am« schlagen ...

Dr.Antonia
Stimmt. Am und om.

Reporter
Om?

Dr.Antonia
Ja, om. Wie in dem Satz: Ich war om Fahrrad, mein Mann om Moped.

Reporter
Verstehe. Aber Ihr Hauptanliegen gilt dem Wörtchen »am«.

Dr.Antonia
Ja. Der Akzent meiner Arbeit liegt auf dem »am«. Auf das »om« bin ich erst während meiner Studien am »am« gestoßen. Man könnte sagen: Om Weg zum »am« fand ich das »om«.

Reporter
So führt eins zum anderen ...

Dr.Antonia
Das ist das Wesen der Wissenschaft, daß eins zum anderen führt.

Reporter
Darum möchte ich Sie jetzt wieder vom »om« zurück zum »am« führen. Könnten Sie einmal ein Beispiel für ein besonders typisches »am« nennen?

Dr.Antonia
Gerne. Mein Lieblings-»am« lautet: Nicht am Bär packen.

Reporter
Ja, ich erinnere mich. Nicht am Bär packen. Ein ganz berühmtes »am«.

Dr.Antonia
Ich möchte so weit gehen, von einem klassischen »am« zu sprechen.

Reporter
Haben Sie noch ein Beispiel?

Dr.Antonia	Interessant finde ich auch eine »am«-Frage, die man zuweilen im Supermarkt hören kann. Sie lautet: Daaf ich ma am Rotkohl?
Reporter	Ah ja.
Dr.Antonia	In dieser Frage verbindet sich das »am« mit einer anderen typischen Erscheinung unserer Ruhrgebietssprache. Ich meine die Neigung, unnötig präzis zu sein.
Reporter	Wieso?
Dr.Antonia	Nun, die Kundin könnte auch fragen: Daaf ich ma vobbei? Die Mitteilung, daß sie am Rotkohl möchte, ist nicht unbedingt erforderlich. Für den Kunden, den sie bittet, ihr Platz zu machen, ist es unerheblich, ob sie Rotkohl oder ein anderes Gemüse einkaufen möchte.
Reporter	Frau Dr. Antonia Cervinski-Querenburg, ich wünsche Ihnen einen guten Appetit.

Dr. Antonia und die alte Dame

Reporter	Frau Dr. Antonia Cervinski-Querenburg, Sie setzen sich dafür ein, daß die Ruhrgebietssprache auch auf dem Theater stärker zur Geltung kommt. Warum?
Dr.Antonia	Der Grund ist ein Schlüsselerlebnis auf der Bühne. Ich war nämlich in meiner Jugend gelegentlich Statistin beim Theater. Und ein Statistenkollege war das Schlüsselerlebnis ...
Reporter	... o lala ...
Dr.Antonia	... nichts lala. Es war bei der Probe für den »Besuch der alten Dame«. Der Statist sollte entsetzt auf den ermordeten Hauptdarsteller blicken und fragend rufen: Gewürgt?
Reporter	Also Mutmaßungen über die Todesursache?
Dr.Antonia	Richtig. In einem Wort. Gewürgt. Aber er rief immer: gewüocht.
Reporter	Gewüocht?
Dr.Antonia	Ja, gewüocht. Und der Regisseur korrigierte ihn immer: gewürkt.
Reporter	Gewürkt?
Dr.Antonia	Richtig. Gewüocht, gewürkt, gewüocht, gewürkt. Furchtbar. Der Mann schaffte es nicht. Aus der Traum von der Sprechrolle.
Reporter	Eine traurige Geschichte.
Dr.Antonia	Die Geschichte einer Diskriminierung.
Reporter	Ja, aber im Theater kann man doch nicht ...
Dr.Antonia	Warum denn nicht! Wäre es wirklich so schlimm, wenn einer auf der Bühne sagt: Heute lese ich die Büochschaft.

Reporter	Nun ...
Dr.Antonia	Oder wenn einer spricht: Das also ist des Pudels Kean.
Reporter	Dann könnte man ja auch sagen: Das also ist dem Pudel sein Kean ...
Dr.Antonia	Naja, man kann alles übertreiben. Ich meine nur, man sollte einfach mehr Sprachtoleranz üben.
Reporter	Auf der Bühne?
Dr.Antonia	Klar. An der Theaterkasse ist man ja auch nicht so penibel. Da bekommt jeder seine Karten, auch wenn er sagt: zwei Kaaten bitte.
Reporter	Aber Sie müssen doch zugeben, daß an der Theaterkasse nicht nur Kaaten, sondern auch Kachten gekauft werden.
Dr.Antonia	Warum nicht. Ich bin, wie gesagt, für Toleranz. Nur wenn einer zwei Kächtchen verlangt, ist bei mir Schluß.
Reporter	Frau Dr. Antonia Cervinski-Querenburg, ich danke Ihnen für diese staaken Woate.

Dr.Antonia und das unbekannte Zamma

Reporter	Frau Dr. Antonia Cervinski-Querenburg, Sie finden, daß zu wenige Ruhrgebietstouristen die Sprache dieser Region erlernen.
Dr.Antonia	Viel zu wenige. Unser Idiom sollte endlich auch außerhalb des Ruhrgebiets unterrichtet werden.
Reporter	Warum?
Dr.Antonia	Unsere Sprache ist ungewöhnlich kompakt. Wer unvorbereitet zu uns kommt, ist, fürchte ich, überfordert. Nehmen wir zum Beispiel das Omma ...
Reporter	... die Oma.
Dr.Antonia	Eben nicht die Oma, das Omma.
Reporter	Ein Mißverständnis ...
Dr.Antonia	Und ob: Ich will omma was sagen. Wir im Revier wissen natürlich, was das heißt: Ich will auch mal etwas sagen. Aber viele Besucher hören etwas ganz anderes. Nämlich: Ich will Großmutter etwas sagen.
Reporter	Verstehe. Und wie ist es mit kumma?
Dr.Antonia	Kumma ist nicht omma. Es führt nicht zu Verwechslungen. Aber auch ein Kumma kann Kommunikationsschwierigkeiten bringen. Kumma, den Doofen. Welcher unvorbereitete Bayer versteht das schon? So etwas muß man lernen.
Reporter	Also richtig Vokabeln büffeln?
Dr.Antonia	Selbstverständlich. Hömma, schomma, tuma, mamma, zamma.

Reporter	Zamma? Ist das nicht bayerisch?
Dr.Antonia	Nicht unbedingt. Das bayerische Zamma heißt »zusammen«. Das Ruhrgebietszamma heißt »zeig mal«.
Reporter	Hömma?
Dr.Antonia	Hör mal.
Reporter	Schomma?
Dr.Antonia	Schon mal.
Reporter	Tuma?
Dr.Antonia	Tu mal.
Reporter	Und mamma?
Dr.Antonia	Zugegeben, ein seltenes Wort. Mamma voran. Häufiger ist: Machma voran.
Reporter	Frau Dr. Antonia Cervinski-Querenburg, ich sachma danke für dieses Gespräch.

Dr. Antonia diesmal ganz englisch

Reporter	Frau Dr. Antonia Cervinski-Querenburg, Sie als Sprachsoziologin müssen es ja wissen. Aber wollen Sie wirklich behaupten, daß die Ruhrgebietssprache eine verblüffende Ähnlichkeit mit dem Englischen hat?
Dr.Antonia	Die Ähnlichkeit ist verblüffend und vielfältig.
Reporter	Donnerwetter. Das müssen Sie erklären.
Dr.Antonia	Gerne. Zum Beispiel sprechen wir das R gleich aus ...
Reporter	Was? Das R? Also Frau Doktor. Dieses englische Kartoffel-R? Das gibt's doch im Ruhrgebiet gar nicht.
Dr.Antonia	Das meine ich ja auch nicht. Ich meine das R, das nicht ausgesprochen wird. Das klingt im Englischen und im Ruhrgebietsdeutsch völlig gleich.
Reporter	Das R, das nicht ausgesprochen wird?
Dr.Antonia	Hier ein Beispiel: Prinz Charles. Gesprochen wird er Tschaals. Und sein Namensvetter Karl, der wird Kaal gesprochen. Tschaals - Kaal. Der gleiche Name, das gleiche R. Nämlich keins.
Reporter	Und was ist mit Kalla? Sagen die Engländer etwa auch Tschalla?
Dr.Antonia	Nein, Tschaali. Aber das ist ein anderes Thema. Das kommt demnächst dran.
Reporter	Soso. Dann zurück zu den Ähnlichkeiten. Welche gibt es noch?

Dr.Antonia	Das Mehrzahl-S. The Uncle - der Onkel, the Uncles - die Onkels.
Reporter	Die Onkels? Aber doch wohl nicht die Tantens.
Dr.Antonia	Nun gut. Wir hängen nicht überall ein S dran wie die Engländer. Aber das kann ja noch kommen.
Reporter	Weitere Ähnlichkeiten?
Dr.Antonia	Die Verlaufsform. I was waiting - ich war am warten. Wenn das keine Ähnlichkeit ist.
Reporter	Ja. Sogar das englische R. Ich waa am waaten. Frau Dr. Antonia Cervinski-Querenburg, thank you very much.

Dr. Antonia und der Ahno

Reporter	Frau Dr. Antonia Cervinski-Querenburg, Sie haben Urlaub gemacht? In Italien?
Dr.Antonia	Klaro.
Reporter	In der Toskana?
Dr.Antonia	In Ihrer Frage klingt ein Hauch von Spott mit. Der Vorwurf von Snobismus und Schickimicki ...
Reporter	Nicht läge mir ferner ...
Dr.Antonia	Zunächst einmal grundsätzlich: Wir im Ruhrgebiet legen durchaus Wert auf eine gewisse Lebensart, auf etwas Stil ...
Reporter	Klaro ...
Dr.Antonia	Vor allem aber fasziniert mich an der Toskana, an Italien überhaupt, die immense Integrationskraft unserer Ruhrgebietssprache.
Reporter	Wie bitte?
Dr.Antonia	Nun, dort unten kann man erleben, wie gut sich unser Ruhrdeutsch mit dem Italienischen verträgt. Bei manchem Touristen gehen die beiden Sprachen nahtlos ineinander über ...
Reporter	Sie meinen, in Florenz ...
Dr.Antonia	Ein ausgezeichnetes Stichwort. Die Stadt am Arno. Ein zufriedener Urlauber aus dem Revier würde sagen: Am Ahno is alles paletti.
Reporter	Am Ahno?

Dr.Antonia	Natürlich. Dem Arno sein R muß man ja nicht unbedingt rollen.
Reporter	Verstehe.
Dr.Antonia	Und dann dieser Duomo. Sowat von bello ...
Reporter	Bello?
Dr.Antonia	Ein schöner Dom. Und anne Piazza vonne Singeria ...
Reporter	Wie bitte?
Dr.Antonia	Piazza della Signoria. Da ist molto was los. Ein Gedränge. Ständig sagt jemand: Los, mach mal'n bißken pronto. Aber sauber ist es. Überall steht: Nix im Ambiente schmeißen.
Reporter	Frau Dr. Antonia Cervinski-Querenburg, ich danke Ihnen für diesen Berichto turistico.

Dr. Antonia und der Wen-sein-Fall

Reporter	Frau Dr. Antonia Cervinski-Querenburg, man wirft Ihnen vor, keine Freundin des Genitivs zu sein ...
Dr. Antonia	Ich? Ein Feindin vom Genitiv? Ich kenne den Herrn überhaupt nicht.
Reporter	Finden Sie es richtig, ein ernstes grammatikalisches Thema ins Lächerliche zu ziehen?
Dr. Antonia	Also gut, was ist Ihr Problem?
Reporter	Ich spreche vom Genitiv, auch zweiter Fall, manchmal sogar Wes-Fall genannt. Er bezeichnet eine Person oder Sache, die zu einer anderen Person oder Sache gehört. Er beantwortet die Frage: wessen?
Dr. Antonia	Ach, Sie meinen den Wen-sein-Fall.
Reporter	Den Wen-sein-Fall? Omannomann.
Dr. Antonia	Aber natürlich. So müßte er jedenfalls bei uns an der Ruhr heißen. Nehmen wir ein Beispiel aus unserem Alltag. Des Nachbarn Ziege stört der Großmutter Nachtruhe. Das klingt, finde ich, ausgesprochen zickig. So richtig nach Genitiv. Die Ziege des Nachbarn stört die Nachtruhe der Großmutter. Auch das ist hölzernes Hochdeutsch. Ein richtig trockener Wes-Fall.
Reporter	Wie hätten Sie's denn gern?

Dr. Antonia	Richtig locker wird die Sache mit der Bergmannskuh und der alten Dame erst, wenn man sagt: Unsern Nachbarn seine Ziege stört unser Oma seine Nachtruhe. Das ist der Wen-sein-Fall.
Reporter	Ist das nicht ein bißchen zu locker?
Dr. Antonia	Nein, clever. Wir haben so nämlich nicht nur den Genitiv, sondern auch den Dativ überwunden.
Reporter	Der dritte Fall stört Sie auch?
Dr. Antonia	Wir an der Ruhr lieben nur den vierten Fall. Sogar den ersten Fall mögen wir nicht besonders. Ein Beispiel? Bitte sehr: Den Werner von nebenan hat vielleicht ne laute Ziege. Zufrieden?
Reporte	Frau Dr. Antonia Cervinski-Querenburg, ich danke Ihnen für diese Fall-Studie. Auch im Namen von unsere Leser.

Dr. Antonia und ihre Omma

Reporter	Frau Dr. Antonia Cervinski-Querenburg, Sie sind nicht nur Sprachsoziologin, sondern auch ein Mensch.
Dr. Antonia	Ein Ruhrgebietsmensch.
Reporter	Genau danach möchte ich Sie mal fragen. Verraten Sie uns doch etwas über Ihre Familie, über Ihre Herkunft!
Dr. Antonia	Sie wollen wissen, ob meine Omma ihre Wiege anne Emscher stand?
Reporter	Wenn Sie so wollen ...
Dr. Antonia	Also gut. Meine Familiengeschichte gibt ja schließlich Auskunft darüber, warum ich unser Ruhrgebietsidiom so liebe.
Reporter	Ich glaube, Sie sind eine geborene Cervinski?
Dr. Antonia	Haaschaaf kombeniert. Ich glaube, Sie sind ein geborener Reporter.
Reporter	Ihr Herr Vater hat eine gewisse Berühmtheit erlangt.
Dr. Antonia	Opsidat paßt oder nich: Den alten Cervinski is inne Literatur eingegangen.
Reporter	Sie meinen die Essays von Kumpel Anton, die so viele Jahre in der WAZ zu lesen waren?
Dr. Antonia	Optatnu Ässehs waan oder nich: Jedenfalls waa der Cervinski die Seele vonnen Anton.
Reporter	Ich vermute, es ist kein Zufall, daß er Ihnen den Vornamen Antonia gab.
Dr. Antonia	Dat vermutichauch. Waddoch mein Paate, den Anton.

Reporter	Und Querenburg? Heißen Sie so, weil Sie dort studiert haben?
Dr.Antonia	Jahamsesenichmär alle? Ich nenn mich dochnich nachne Uni. Querenburg, dat is der Schwiegersohn von den alten Cervinski.
Reporter	Also Ihr Gatte.
Dr.Antonia	Den Gatte könnsesich schenken. Der Queri is nich son feinen Pinkel.
Reporter	Frau Dr. Antonia Cervinski-Querenburg, vielen Dank und viele Grüße anne Omma unne Emscher.

Dr. Antonia und das Tse-Tse-Motiv

Reporter	Frau Dr. Antonia Cervinski-Querenburg, Sie haben die These aufgestellt, daß Sprache sich oft wie Musik verhält.
Dr.Antonia	Ja. Sie hat ein Klangmuster. Ein Leitmotiv, das immer wieder erklingt und dem sich die anderen Laute anpassen, unterordnen.
Reporter	Auch die Ruhrgebietssprache?
Dr.Antonia	Natürlich. Wir an der Ruhr lassen uns von einem Zischlaut in Verbindung mit einem dumpfen E leiten. Se, ße, ze. Das ist unser Leitmotiv. Man könnte das Ruhrgebietsdeutsch eine Tse-Tse-Sprache nennen, hätte die Fliege gleichen Namens nicht soviel Unheil angerichtet ...
Reporter	Das Ruhrdeutsch eine Tse-Tse-Fliege?
Dr.Antonia	Sprache, nicht Fliege. Da staunze, wa? Kannze dat nich verstehn oder willze dat nich verstehn?
Reporter	Kannze, staunze, willze. Reicht das denn schon aus für eine Tse-Tse-Sprache?
Dr.Antonia	Nein. Entscheidend ist die Vielfalt und die Variationsbreite der Zisch- und E-Laut-Gebilde. Sie treten auch in weicherer Form auf.
Reporter	Wazzie nich sagen.
Dr.Antonia	Als S zum Beispiel. Hassese schon geküßt oder daafsese nicht küssen?
Reporter	Ich hapse schon ... von wem sprechen Sie eigentlich?

Dr. Antonia	Vom Zisch- und E-Laut. Er entsteht besonders oft in der Du-Form, wenn ein »st« auf ein Du trifft. Oder möchze das bestreiten?
Reporter	Lieber nicht.
Dr. Antonia	Die schönsten Zischer entstehen aber dort, wo sie gar nicht hingehören. Wörter wie »wenn« und »ob«. Die haben gar kein S, auch dann nicht, wenn ihnen ein Du folgt. Aber wenn wir keinen Zischlaut haben, dann holen wir uns einfach einen. Opse dat glaups oder nich. Wennze willz, kannze immer zischen.
Reporter	Frau Dr. Antonia Cervinski-Querenburg, ich frag mich jedesmal: Interviusese oder interviusese nich. Merxe nich, dazze dich aum Aam nimmt? Und jedesmal sag ich: Ich würze gern noch einmal hörn.

Dr. Antonia und der Revierduden

Reporter	Frau Dr. Antonia Cervinski-Querenburg, Ihr Vorbild ist Professor Higgins, der Lehrer von Eliza Doolittle.
Dr.Antonia	Also ich ließe Eliza Doolittle in »My Fair Lady« etwas ganz anderes singen.
Reporter	Nämlich?
Dr.Antonia	Es is so grün am grünen, wenn die Spanier ihre Blüten am blühen sind.
Reporter	Soso. Aber was gefällt Ihnen dann an Higgins?
Dr.Antonia	Sein Gehör. Higgins könnte genau hören, ob einer aus Wattenscheid, Dahlhausen oder Steele kommt.
Reporter	Weist das Revierdeutsch denn so viele Unterschiede auf?
Dr.Antonia	Viele und feine. Ich will hier nur die Omma-Auma-Linie nennen.
Reporter	Die Omma-Auma-Linie?
Dr.Antonia	Ja. Hochdeutsch: Laß mich auch mal! Ruhrdeutsch: Laß mich omma oder laß mich auma. Da sind sich die Sprecher nicht einig.
Reporter	Und wo etwa verläuft die Omma-Auma-Linie?
Dr.Antonia	Wenn ich das nur wüßte! Ich hörma omma und ma auma. Aber nicht die Linie zwischen den beiden.
Reporter	Aber sie existiert?
Dr.Antonia	Genau wie die Meine-Oma-seine-meine-Oma-ihre-Linie.

Reporter	Ach du meine Güte ...
Dr.Antonia	Die einen sagen: Das ist meine Oma seine Tasche. Die anderen sagen: Das ist meine Oma ihre Tasche. Also muß zwischen diesen Taschen eine Sprachlinie verlaufen.
Reporter	Aber was ist denn nun richtig, meine seine oder meine ihre?
Dr.Antonia	Schwer zu sagen. Schließlich gibt es ja noch keinen Ruhrdeutsch-Duden.
Reporter	Ein Ruhrdeutsch-Duden? Wäre das nichts für Sie? Schreiben Sie doch einen!
Dr.Antonia	Ich? Son Dingen schreiben? Gehnse mich doch weck, Herr Reporter.
Reporter	Frau Dr. Antonia Cervinski-Querenburg, wenn Sie so ein Dingen schreiben täten, würde ich jeden Tach im Cervinski nachkucken, eh ich den Mund aufmach.

Dr. Antonia ist noch am überlegen

Reporter	Frau Dr. Antonia Cervinski-Querenburg, gibt es eine Errungenschaft der Ruhrgebietssprache, auf die Sie besonders stolz sind?
Dr.Antonia	Hm. Also. Ja.
Reporter	Und? Woran denken Sie? Spannen Sie uns doch nicht so auf die Folter.
Dr.Antonia	Einen Moment. Ich bin noch am überlegen.
Reporter	Am was?
Dr.Antonia	Am nachdenken.
Reporter	Am nachdenken?
Dr.Antonia	Moment. Jetzt weiß ich's. Die Verlaufsform gefällt mir an der Reviersprache am besten.
Reporter	Verlaufsform? Hat die was mit 'nem Irrgarten zu tun?
Dr.Antonia	Nein, mit dem Englischen. I was going. Das kann man nur ins Ruhrdeutsche übersetzen. Auf hochdeutsch heißt es schwach und zickig: Ich ging gerade. Auf ruhrdeutsch heißt es stark und richtig: Ich war gerade am latschen.
Reporter	Am latschen?
Dr.Antonia	Am gehen, am laufen, am latschen. Hauptsache am. Wenn etwas dauert, steht das Hochdeutsch mit leeren Händen da. Aber wir im Ruhrgebiet greifen dann zu unserem schönen Am.
Reporter	Und was machen Sie mit dem Am?

Dr.Antonia	Damit bin ich die Straße am runterlatschen.
Reporter	Am runter?
Dr.Antonia	Oder runter am latschen. Das ist Geschmackssache.
Reporter	Hoffentlich stolpern Sie dabei nicht über Ihre Zunge.
Dr.Antonia	Sollte das passieren, wäre ich bald wieder am aufstehen.
Reporter	Am auf?
Dr.Antonia	Oder auf am.
Reporter	Auf am stehen?
Dr.Antonia	Dran. Am aufstehen dran.
Reporter	Frau Dr. Antonia Cervinski-Querenburg, ich wär schon längst am Schluß am machen, wenn Sie nicht dauernd am weiter am quasseln wären.

Dr. Antonia und das Honoratioren-G

Reporter	Frau Dr. Antonia Cervinski-Querenburg, nichts gegen die Ruhrgebietssprache. Aber so einen richtigen typischen Ruhrgebiets-Vornamen gibt es ja nicht.
Dr.Antonia	Sie meinen, sowas wie den Kölschen Tünnes oder den Bayern-Sepp?
Reporter	Genau.
Dr.Antonia	Und den Hennes lassen Sie nicht gelten?
Reporter	Hennes? Ich weiß nicht.
Dr.Antonia	Und Jupp?
Reporter	Naja.
Dr.Antonia	Und was halten Sie von Gupp?
Reporter	Gupp?
Dr.Antonia	Ga.
Reporter	Ga? Gupp? Das sagt doch kein Mensch!
Dr.Antonia	Nun gut. Gupp ist vielleicht ein bißchen übertrieben. Aber Gosef stimmt. Uns im Ruhrgebiet ist das »G« oft lieber als das »J«.
Reporter	Ja?
Dr.Antonia	Sicherlich. Vor allem, wenn wir ein bißchen vornehm sprechen wollen. Unser Ruhrgebiets-G ist ein Honoratioren-G.
Reporter	Und was hat das mit den Namen zu tun?
Dr.Antonia	Viel. Erst das Honoratioren-G macht die kleine Marianne zur kleinen Maganne. Ohne das »G« wäre sie gezz auch nicht ein Gaa alt.
Reporter	Sondern?
Dr.Antonia	Ein Jahr.

Reporter	Und wer ist die kleine Maganne?
Dr.Antonia	Na, die kennen Sie doch! Dem Hago seine Tochter!
Reporter	Hago? Sagt mir nichts.
Dr.Antonia	Ich übersetze: Hajo. Hans-Jochen.
Reporter	Jochen? Nicht Gochen?
Dr.Antonia	Nein. Das mit dem »G« geht nicht immer.
Reporter	Aber das »G« macht ganz gewöhnliche Namen zu Ruhrgebietsnamen?
Dr.Antonia	Manchmal. Andere kommen ohne »G« aus.
Reporter	Zum Beispiel?
Dr.Antonia	Dat Poilken und der Voller, der Häbbert und der Wänner, die Jutta und der Jens.
Reporter	Frau Dr. Antonia Cervinski-Querenburg, ich danke Ihnen, daß Sie nicht Gutta und Gens gesagt haben.

Dr. Antonia und das Tun

Reporter	Frau Dr. Antonia Cervinski-Querenburg, ich höre, Sie haben ein paar Tage Urlaub in London gemacht. War es schön?
Dr.Antonia	Sie meinen, ob mir der London-Aufenthalt sprachlich gefallen hat.
Reporter	Ja. Was hat Sie am tiefsten beeindruckt?
Dr.Antonia	Das How do you do.
Reporter	How do you do? Was heißt das eigentlich genau?
Dr.Antonia	Auf Ruhrgebietsdeutsch? Wie geht et Sie.
Reporter	Mich? Mich geht et gut.
Dr.Antonia	Das ist gut. Aber wörtlich übersetzt heißt How do you do nicht: Wie geht et dich? Sondern: Wie tuße tun?
Reporter	Wie ich tun tu? Komische Frage. Ich könnte Ihnen höchstens sagen, was ich tun tu.
Dr.Antonia	Wunderbar. Da haben Sie schon die Verbindung zwischen dem englischen How do you do und unserem Ruhrgebietsdeutsch hergestellt.
Reporter	Wieso?
Dr.Antonia	Das Tun ist das Schlüsselwort. Wir im Revier führen das Tu-Wort ständig im Mund.
Reporter	Tun wir das?
Dr.Antonia	Und ob. Tunsesich bei uns doch mal umhören! Da können sich die Engländer sogar ne Scheibe von uns abschneiden.
Reporter	Wieso?

Dr.Antonia	Die Engländer benutzen ihr Do-Wort nur, wenn sie etwas fragen oder wenn sie etwas verneinen.
Reporter	Tun Sie mich auch nicht aufn Arm nehmen?
Dr.Antonia	Ein sehr gutes Beispiel. Frage und Verneinung in einem Satz. Aber im Revierdeutsch brauchen wir das alles gar nicht. Wir können eigentlich immer tun sagen.
Reporter	Sagen tun.
Dr.Antonia	Richtig. Zum Beispiel kann ich ohne Frage und ohne die geringste Verneinung feststellen: Ich tu jetzt nach Hause gehen.
Reporter	Frau Dr. Antonia Cervinski-Querenburg, dann tu ich jetzt mit dem Interview aufhören.

Dr. Antonia und das ordinäre Jau

Reporter	Frau Dr. Antonia Cervinski-Querenburg, heute wollen wir mal versuchen, bei unserer Diskussion über das Revierdeutsch ohne die englische Sprache auszukommen.
Dr.Antonia	Jau äy.
Reporter	Danke schön. Jau äy. Das ist echtes kerniges Ruhrgebietsdeutsch.
Dr.Antonia	Nicht nur.
Reporter	Sagen Sie bloß, jau äy gibt es woanders auch!
Dr.Antonia	Jau. Geschrieben yo. Das ist echter amerikanischer Jugend-Slang.
Reporter	Yo? Und was heißt das?
Dr.Antonia	Äy.
Reporter	Yo heißt äy?
Dr.Antonia	Jau. Aber nur auf amerikanisch. Nicht auf Englisch.
Reporter	Und was heißt äy auf englischem Englisch?
Dr.Antonia	Oi.
Reporter	Oi?
Dr.Antonia	Jau. Oi heißt äy.
Reporter	Toll, die Sprachverwandtschaft zwischen dem Englischen und dem Revierdeutsch. Aber vornehm finde ich die Verwandtschaft nicht. Fast ordinär.
Dr.Antonia	Jau, oi und äy? Nein, vornehm ist das nicht. Aber wir im Ruhrgebiet können uns auch gewählter ausdrücken. Gehen Sie bei uns mal einkaufen. Da geht es viel vornehmer zu.
Reporter	So?

Dr.Antonia	Nur ganz selten begrüßt der Verkäufer Sie mit den Worten: Äy, wat wollen Sie?
Reporter	Und welche Worte wählt der Verkäufer? Wat wünschen Sie?
Dr.Antonia	Zum Beispiel. Oder auch: Wat daaf et sein? Nicht zu vergessen: Womit kann ich Sie dienen?
Reporter	Und das finden Sie vornehm?
Dr.Antonia	Wir im Revier haben unsere eigene Art sprachlicher Vornehmheit.
Reporter	Dacht' ich mir.
Dr.Antonia	Für mich hat die Reviersprache immer dann eine gewählte Note, wenn der Sprecher ohne die Wörter jau, äy und ährlich auskommt.
Reporter	Ährlich?
Dr.Antonia	Jau.
Reporter	Mann äy, Frau Dr. Antonia Cervinski-Querenburg, dat hättich nich gedacht, dattat Revierdeutsch so vornehm is.

Dr. Antonia und das einsame Für

Reporter	Frau Dr. Antonia Cervinski-Querenburg, Sie bezeichnen sich als eine Fürsprecherin. Wofür sprechen Sie eigentlich?
Dr.Antonia	Für das Wörtchen »für«.
Reporter	Für drei kleine Buchstaben? Ist das nicht ein bißchen schwach?
Dr.Antonia	Das kann ich doch nichts für. Das Wörtchen »für« ist nun mal unser Problemkind.
Reporter	Wieso?
Dr.Antonia	Wir im Revier können das Wörtchen »für« keine Minute allein lassen. Es braucht immer einen Partner.
Reporter	Wofür dattann?
Dr.Antonia	Für im Winter zum Beispiel. Wenn es kalt ist. Da ist man nicht gerne allein.
Reporter	Und im Sommer?
Dr.Antonia	Im Sommer ist ein Partner genauso wichtig. Für im Strandbad. Oder für anne Nordsee.
Reporter	Für anne?
Dr.Antonia	Oder für aufe.
Reporter	Aufe wat?
Dr.Antonia	Für aufe Party. Für zum Ausgehen.
Reporter	Das ist ja fürchterlich. Ihr Wörtchen »für« hat ja mehr Partner als ein Holliwutschtah.
Dr.Antonia	Was für ein Wutschta?
Reporter	So ein Star aus Hollywood.
Dr.Antonia	Finden Sie? Also für mich ist das Wörtchen »für« ein ganz schlichtes Kind vom Ruhrgebiet. Genau wie das Wörtchen »nache«.

Reporter	Nache?
Dr.Antonia	Ja. Fragen Sie mich mal: Wogehse.
Reporter	Wogehse?
Dr.Antonia	Nache Schule.
Reporter	Und nache Schule?
Dr.Antonia	Nache Schule geh ich nache Omma.
Reporter	Soso. Ich sehe, Sie haben alle möglichen Sachen dabei.
Dr.Antonia	Was für Sachen? Ach die in der Tüte?
Reporter	Wofür sind die?
Dr.Antonia	Die sind für nache Schule.
Reporter	Für nache?
Dr.Antonia	Aber für vor de Omma.
Reporter	Frau Dr. Antonia Cervinski-Querenburg, jetzt weiß ich, wofür die Interviews mit Ihnen gut sind: Für umme Ecke denken.

Dr. Antonia und die Kirschen

Reporter	Frau Dr. Antonia Cervinski-Querenburg, Sie möchten mich heute in eine Gaststätte entführen?
Dr.Antonia	Ja. Sie sitzen da und haben Durst. Was rufen Sie der Kellnerin zu?
Reporter	Frollein, noch en Pilzken.
Dr.Antonia	Ihr Pilzken kriegen Sie aber noch nicht. Die Kellnerin sagt: Schuldigense. Ich muß erst den Herr seine heißen Kirschen bringen.
Reporter	Und das halten Sie für 'ne typische Kneipenszene? Wo ich verkehr, sagt die Wirtin höchstens: Bisse fleicht am verdursten? Dat Pilz is noch in Aabeit.
Dr.Antonia	Fleicht is das in Ihrer Stammkneipe so. Da sind wir aber nicht.
Reporter	Meinzwegen. Die Kellnerin sagt also: Ich muß erst noch den Herr seine heißen Kirschen bringen. Na und?
Dr.Antonia	Analysieren wir den Satz doch mal. Den Herr seine. Grammatikalisch ein klarer Fall von Ruhrdeutsch. Kurz und knubbelig. Aber der Satz hat obendrein eine doppelte Bedeutung.
Reporter	Nää sowat. Wennse sich nich beeilen, werden die Kirschen kalt.
Dr.Antonia	Unser Revierdeutsch ist ungeheuer flexibel. Der Satz kann bedeuten, daß die Kellnerin dem Herrn die heißen Kirschen bringt. Er kann aber auch bedeuten, daß sie die heißen Kirschen des Herrn bringt. In diesem Fall wissen wir nicht, wem sie sie bringt. Sie könnte sie sogar Ihnen bringen!

Reporter	Mich? Die Dinger? Brauch ich nich. Ich will mein Bierken.
Dr.Antonia	Eine Bemerkung noch: Finden Sie nicht, daß die Kellnerin sich ungewöhnlich deutlich ausdrückt?
Reporter	Wieso?
Dr.Antonia	Sie wollen doch nur wissen, warum Sie auf Ihr Pils warten. Ob der Herr nebenan heiße Kirschen oder kalte Füße bekommt, ist Ihnen doch egal.
Reporter	Ihnen auch.
Dr.Antonia	O nein. Die kalten Kirschen sind für mich der Beweis: Unsere Reviersprache liebt das unnötige Detail.
Reporter	Frau Dr. Antonia Cervinski-Querenburg, vielen Dank für diese unnötig detaillierten Ausführungen. Ich geh mich jetzt einen schlucken. In meine garantiert kirschenfreie Stammkneipe.

Dr. Antonia und der Revier-Räpp

Reporter   Frau Dr. Antonia Cervinski-Querenburg, was gibt's heute?

Dr. Antonia   Heute wird geräppt.

Reporter   Räppen wollen Sie? Sie meinen diesen rhythmischen amerikanischen Sprechgesang?

Dr. Antonia   Genau den. Nur räpp ich nicht auf amerikanisch, sondern auf revierdeutsch.

Reporter   Ein Revier-Räpp? Ja geht denn das?

Dr. Antonia   Und ob. Und hier ist der Ilse-, Günter- und Helmut-Räpp.

Reporter   Also, auf geht's.

Dr. Antonia   Jakumma watta umme Ecke kommt.

Reporter   Jakummawatta?

Dr. Antonia   Ja, sieh mal, was da ...

Reporter   Aha. Und weiter?

Dr. Antonia   Optatti tolle Ille vonne Emscher is?

Reporter   Optatti? Ille?

Dr. Antonia   Ob das die tolle Ilse ist?

Reporter   Ach so. Räppen Sie weiter.

Dr. Antonia   Jakumma watti für en süßet Röxken hat.

Reporter   Verstanden. Weiter.

Dr. Antonia   Wenndatter schöne Günner sieht.

Reporter   Ja, was ist dann?

Dr. Antonia   Den fälltoch glattat Pilzken ausse Foten raus.

Reporter   Glatt. Das Pils. Aus den Pfoten. Frau Dr. Antonia, gestatten Sie, daß ich miträppe?

Dr. Antonia   Bitte sehr.

Reporter   Also: Ja hörnsema, jahörnsema ...

Dr.Antonia	Ich höre ja ...
Reporter	Da is onnoch der Hämmut da.
Dr.Antonia	Der Helmut? Und der Günter? Jawattata wohl geben tut.
Reporter	Jawattata?
Dr.Antonia	Ja, was das da.
Reporter	Natürlich.
Dr.Antonia	Die Ille is am Äuxken zwinkern. Der Hämmut grient, der Günner flucht.
Reporter	Das nimmt ja tragische Formen an.
Dr.Antonia	Giptatta noch en Häppi Ent?
Reporter	Giptatta?
Dr.Antonia	Gibt es da.
Reporter	Na klar giptat en Häppi Ent. So mittat Röxken und dat Äuxken ...
Dr.Antonia	Da wird die Ille dat schon deixeln.
Reporter	Frau Dr. Antonia Cervinski-Querenburg, es war mir ein Vergnügen, mit Sie zu räppen.

Dr. Antonia gerät in eine Diskussion

Reporter   Frau Dr. Antonia Cervinski-Querenburg, heute
                 habe ich zwei Gesprächspartner mitgebracht.

Dr. Antonia   Das begrüße ich sehr. Unsere
                 Ruhrgebietssprache braucht eine möglichst
                 breite Diskussion.

Reporter   Darf ich also vorstellen: Frau Schmittchen aus
                 Sodingen und Herr Clemensborn aus
                 Heiligenhaus.

Dr. Antonia   Herr Clemensborn, Sie haben das Wort.

Herr Clemensborn   Ich lege Wert auf die Feststellung, daß
                 ihr sogenanntes Revierdeutsch gar nicht
                 überall im Ruhrgebiet gesprochen wird. »Die
                 Kohlen sind für im Winter.« Für im. Das sagt
                 doch keiner. Außerdem habe ich
                 Fußbodenheizung.

Dr. Antonia   Sie sind aus Heiligenhaus?

Herr Clemensborn   Was soll die Frage. Ja, Heiligenhaus.
                 Südlich der Ruhr. Da haben Sie wohl nichts
                 für übrig?

Dr. Antonia   Dafür nichts übrig? Da hab ich wohl wat für
                 übrig. Wer einen Satz mit »da« anfängt und
                 mit »für« aufhört, spricht bestes
                 Revierdeutsch. Da find' ich überhaupt nichts
                 bei. Da würd' ich mich sogar für stark
                 machen.

Herr Clemensborn   Ich muß schon bitten. Ein einziges Wort
                 macht doch noch keine Reviersprache. Da
                 kommt es wirklich nicht drauf an.

Dr. Antonia   Drauf an? Auch das ist echtes ...

Herr Clemensborn   Also, ich komme mir hier vor, als ob ...

Frau Schmittchen   Wie wennze ...

Reporter   Wie bitte?

Frau Schmittchen   Herr Clemensbein hat gesagt »als ob«.
Heißt das nicht »wie wennze«?

Dr.Antonia   Und ob. Frau Schmittchen, Sie sprechen
lebendiges Ruhrdeutsch.

Frau Schmittchen   Ich fürchte aber, dat Dingen stirbt
langsam aus. Meine Tochter zum Beispiel,
die Simone-Marlene, kricht aufe Schule in
Hochdeutsch immer ne Eins. Wat machich
nur?

Dr.Antonia   Tja.

Frau Schmittchen   Meine einzige Hoffnung: Die Lärrerin
sacht immer, dattat bei die Simone-Mallene
mit den dritten und vierten Fall durchenander
geht.

Dr.Antonia   Sehen Sie? Unser Revierdeutsch lebt doch.

Reporter   Schluß jetzt mittat ewige Hin und Her. Den
vierten Fall is mich sowieso egal.

Dr. Antonia und der Revier-Goethe

Reporter	Frau Dr. Antonia Cervinski-Querenburg, Sie wollen doch nicht die deutsche Klassik umdichten!
Dr.Antonia	Keineswegs. Ich möchte nur darauf hinweisen, daß sich die deutsche Dichtung nicht immer mit der Reviersprache reimt.
Reporter	Ist das schlimm?
Dr.Antonia	Ein Beispiel. Schiller. Er stand auf die Zinnen von sein Dach ...
Reporter	Und weiter?
Dr.Antonia	Eben! Der Reim ist futsch. Er stand auf seines Daches Zinnen und schaute mit vergnügten Sinnen - das läuft. Aber auf die Zinnen von sein Dach? Was tut er da? Kuckt er überall mal nach?
Reporter	Reimt sich, aber die poetische Qualität leidet.
Dr.Antonia	Ja, der zweite Fall ist Schillers Problemfall. Aber schlimmer noch ist das mit dem vierten Fall. Ich sei, gewährt mich die Bitte, in euern Bund den Dritten.
Reporter	Den Dritten? Das geht nicht.
Dr.Antonia	Eben. Aber Goethe geht. Wer reitet so spät durch Nacht und Wind, dat is der Vatter mit sein Kind.
Reporter	Das geht.
Dr.Antonia	Find' ich auch.
Reporter	Und Heine?
Dr.Antonia	Geht auch. Ich weiß nich, wazzollet bedeuten, dat ich so traurig bin. Ein Märchen aus uralte Zeiten, dat geht mich nich aussen Sinn.
Reporter	Schiere Poesie.

Dr.Antonia	Aber wir sollten uns nicht damit begnügen, vorhandene Dichtung unserem Ruhridiom anzupassen. Wir sollten die lyrische Kraft, die unsere Reviersprache auszeichnet, selber voll zur Entfaltung bringen.
Reporter	Also neue Verse?
Dr.Antonia	Ja. Zum Beispiel sollten wir die Chancen des »r«-losen Reims nutzen.
Reporter	Was bitte?
Dr.Antonia	Der Reim, der auf ein lästiges »R« verzichtet. Ich künde euch von Heldentaten, zu Wasser, Luft und auch im Gaaten.
Reporter	Taten, Gaaten - ein brillanter Revier-Reim.
Dr.Antonia	Den Charme der »am«-Harmonie sollten wir nicht vergessen. Vorhin stand ich noch am Tresen, jetzt bin ich nach Haus am pesen.
Reporter	Frau Dr. Cervinski-Querenburg, köstlich. Mein Dank ist ein ganz herzlichen. Mein Abschied ist ein schmerzlichen.

Dr. Antonia diesmal anne Koppa

Reporter	Frau Dr. Antonia Cervinski-Querenburg, ich muß mich doch sehr wundern. Ihre Sprachforschungen führen Sie ja in die entlegensten Winkel der Welt.
Dr. Antonia	Entlegen? Da zitiere ich doch gleich meinen Strandnachbarn. Der hat zu mir gesagt: Anne Koppa aalt sich dat halbe Ruhrgebiet.
Reporter	Anne Koppa? Was für'ne Koppa?
Dr. Antonia	Cabana. Die Copacabana. Den berühmten Strand von Rio kennen Sie doch wohl.
Reporter	Nicht persönlich. Und daß sich dort das halbe Ruhrgebiet sonnt, halte ich für reichlich übertrieben.
Dr. Antonia	Ist es auch. Aber unsere schöne Ruhrgebietssprache können Sie überall hören. Je exotischer die Umgebung, desto anheimelnder ist der Charme unseres Idioms.
Reporter	Sogar in Brasilien?
Dr. Antonia	Sogar in Brasilien. Ich zitiere nochmal meinen Strandnachbarn: Gezz kuckensesichma diese Senjeritas an. Watti so mit ihre Tangas machen. Dat hautoch den stärksten Kabbelero um.
Reporter	Kabbelero?
Dr. Antonia	Caballero. Spanisch. In Brasilien spricht man zwar portugiesisch, aber ...
Reporter	... und Revierdeutsch.

Dr.Antonia	Stimmt. Sogar abends bei der Tanz-Show in der Plataforma. Jetzt zitiere ich meinen Tischnachbarn ...
Reporter	Nicht Ihren Strandnachbarn?
Dr.Antonia	Nein. Mein Tischnachbar meinte: Watten lahmen Samba. Die sollten ma bei uns anne Emscher inne Halligalli-Schule gehen.
Reporter	Ob Strand, ob Tisch, Sie haben sehr ausdrucksstarke Nachbarn.
Dr.Antonia	Aber zu anspruchsvolle. Ich fand den Samba nämlich sehr schön. Mir hat es ja sogar im tropischen Urwald gefallen.
Reporter	Und Ihrem Tischnachbarn nicht?
Dr.Antonia	Meinem Bootsnachbarn auf dem Rio Negro war es zu feucht und zu heiß. Ich darf auch ihn zitieren: Mann äy, watne Suppe. Da klebt einen ja den Kaki am Balch.
Reporter	Frau Dr. Antonia Cervinski-Querenburg, mit Sie möcht ich auch mal verreisen.

Dr. Antonia sacht wat zu die Krise

Reporter	Frau Dr. Antonia Cervinski-Querenburg, sie sollten ein Wort zur Krise des Ruhrbergbaus sagen.
Dr.Antonia	Wirklich? Es sind doch sowieso schon alle rum am strukterieren.
Reporter	Rum am was?
Dr.Antonia	Am rumstrukterieren.
Reporter	Ach, Sie meinen die Umstrukturierung.
Dr.Antonia	Die meine ich. Weck mitti Zechen, her mitti Hei-Teck-Zentner.
Reporter	Center.
Dr.Antonia	Mein ich doch. Als optat neu wär. Dat Ruhrgebiet hamse doch schon immer anne Struktur rumgefummelt.
Reporter	Pfui.
Dr.Antonia	Fragen Sie doch mal nach Schacht Ämmil oder Zeche Kahl. Da denkt doch keiner mehr anne sippte Sohle. Nur noch anne Kunst inne Kaue.
Reporter	Oder an eine Glatze.
Dr.Antonia	Wie bitte?
Reporter	Zeche kahl ...
Dr.Antonia	Werden Sie nicht albern, Herr Reporter. Sehen Sie doch nur mich an!
Reporter	Sie meinen, dann hab' ich nichts zu lachen?
Dr.Antonia	Bin ich nicht typisch für die Entwicklung des Ruhrgebiets?
Reporter	Sagen Sie bloß, Sie haben sich umstrukturieren lassen.

Dr.Antonia	Herr Reporter, noch so eine Bemerkung, und ...
Reporter	Schuldigung ...
Dr.Antonia	Also, nehmen Sie mich als Beispiel. Mein Vater war noch ein richtiger Bergmann.
Reporter	Der alte Cervinsky? Dem Anton sein Kumpel?
Dr.Antonia	Richtig. Und was bin ich? Sonne Aat Lärrerin.
Reporter	Ich dachte, Sie wärn Sozzelogin. Sprach.
Dr.Antonia	Sprachsoziologin bin ich ja auch. Aber für Sie bin ich doch sonne Aat Lärrerin.
Reporter	Wärn Sie etwa lieber unter Tage, anstatt dazze mich wat lernen?
Dr.Antonia	Türlich nich. Ich lern Sie gerne wat. Damit bei die ganze Umstrukterierung unsere Sprache nich aufe Strecke bleipt.
Reporter	Frau Dr. Antonia Cervinski-Querenburg, dat wär wat, wenn man Sie onnoch stillegen täte.

Dr. Antonia und die Ferdi-Konfusion

Reporter	Frau Dr. Antonia Cervinski-Querenburg, jetzt gehen Sie zu weit. Die Wilhelm-Tell-Variante? Wir sprechen hier nicht über das Schwyzer-Dütsch, sondern über das Ruhrgebietsdeutsch.
Dr.Antonia	Ist ja gut. Mir geht es nur um die Apfelszene. Wo Wilhelm dem Knaben mit dem Pfeil den Apfel vom Kopf schießt.
Reporter	Erzählen Sie bitte nicht den alten Witz, daß er ihm den Apfel vonne Birne ballert!
Dr.Antonia	Nein. Im Ruhrgebiet ballert er ihm mit den Feil den Appel vom Kopp.
Reporter	Ja, und?
Dr.Antonia	Das ist die Wilhelm-Tell-Variante. Sie zeigt, was im Ruhrgebiet aus dem hochdeutschen »Pf«-Laut wird.
Reporter	Soviel Aufwand wegen zwei Buchstaben?
Dr.Antonia	Ja, weil wir an der Ruhr mit der Pf-Herausforderung so spielerisch umgehen. Mal nehmen wir die F-Variante, mal die P-Variante. Mal den Feil, mal den Appel.
Reporter	Das ist ja der Gippel.
Dr.Antonia	Gippel? Ach so. Falsch. Den Gippel gibt's nicht. Der Gipfel bleibt auch bei uns ein Gipfel.
Reporter	Also noch eine Variante. Aber wann sagt man »f«, wann »p« und wann »pf«?
Dr.Antonia	Das ist Gefühlssache. Grundsätzlich gilt der Satz: Ich giptich mein Appel, wenn du mich dein Fiersich gips; den Kaapfen kannze behalten.

Reporter	Mit Wilhelm Tell hat das nicht mehr viel zu tun.
Dr.Antonia	Wir nähern uns schon der Ferdi-Konfusion.
Reporter	Was für 'ne Konfusion? Sie wollen mich wohl durcheinanderbringen?
Dr.Antonia	Die Ferdi-Konfusion. Sie ist selten, aber typisch. Nehmen wir an, jemand sagt: Äy Ferdi, zämma en Witz. Das heißt natürlich: He, Ferdinand, erzähl mal einen Witz.
Reporter	Nun gut. Der Ferdi ist ein Funds-Kerl. Aber es ist meine Flicht, Sie zu fragen: Wo bliebt die Konfusion?
Dr.Antonia	Die kommt, wenn ein kleiner Junge ruft: Mamma, kumma Ferdi! Der Kleine meint dann nämlich: Mamma, sieh mal, ein Pferdchen!
Reporter	Frau Dr. Antonia Cervinski-Querenburg, das ist ja pfürchterlich. Auf solche Witze feif ich.

Dr. Antonia machz kurz

Reporter   Frau Dr. Antonia Cervinski-Querenburg, Sie haben heute nur fünf Minuten Zeit für mich? Warum? Wollen Sie schon wieder verreisen?

Dr. Antonia   Nein. Ich möchte mich aus Prinzip kurz fassen. Denn das ist unsere Art hier im Revier.

Reporter   Ach?

Dr. Antonia   Inne Küaze lichti Wüaze. Das halten wir schon als Kinder so.

Reporter   So?

Dr. Antonia   Wir machen - wie Sie wahrscheinlich schon gehört haben - keine Schulaufgaben, sondern Schulla.

Reporter   Ich gebe zu: Schulla ist kurz. Noch kürzer wäre es, gar keine Schulaufgaben zu machen.

Dr. Antonia   Ja, aber dann gibt's Hausa.

Reporter   Hausaufgaben?

Dr. Antonia   Hausarrest. Auch als Stuma bekannt.

Reporter   Stubenarrest?

Dr. Antonia   Jau. Nu hömma, mamma voran. Komma rüber mitti Fragen.

Reporter   Ja, aber man kann doch nicht alles so kurz machen. Man kann ja nicht immer die halben Wörter verschlucken.

Dr. Antonia   Aber wenigstens die Endungen.

Reporter   Welche Endungen?

Dr. Antonia   Die Endungen von den Eigenschaftswörtern.

Reporter   Die Endis vonne Eigenschas?

Dr.Antonia	Nu, übertreiben Sie nicht, Herr Reporter.
Reporter	Also, was für Endungen.
Dr.Antonia	Kumma, is dat nich dat klein Sirrät?
Reporter	Die kleine Sigrid?
Dr.Antonia	Kuckda läufze, mit unser Omma.
Reporter	Mit unserer Oma.
Dr.Antonia	Bei son schlecht Wetter!
Reporter	Bei so einem schlechten Wetter.
Dr.Antonia	Watten brav Herzken.
Reporter	Was für ein braves Herzchen.
Dr.Antonia	Wat, das stehse in dein kurzet Hemt.
Reporter	Kurzet? Ist das nicht ein bißchen lang? En kurz Hemt wär kürzer.
Dr.Antonia	Manchmal lieben auch wir im Revier es etwas länger. Vor allem, wenn es ums Hemd geht.
Reporter	Frau Dr. Toni Queri, kurzen Dank für dies Gespräch.

Dr. Antonia und die Pommes-Bude

Reporter	Frau Dr. Antonia Cervinski-Querenburg, was treibt Sie eigentlich immer an diese Würstchenbuden?
Dr.Antonia	Nicht nur der Hunger.
Reporter	Sondern?
Dr.Antonia	An einer Würstchenbude kriege ich immer so ein angenehmes Sprachgefühl im Magen.
Reporter	Sprachgefühl?
Dr.Antonia	Ja, die Pommes schmecken mir sprachlich am besten. Pommes. Das klingt so satt. Pomfritz klingt natürlich auch nicht schlecht.
Reporter	Ah ja. Und was reizt Sie sonst noch an der Pommes-Bude?
Dr.Antonia	Auch die Beilagen-Dialoge finde ich köstlich.
Reporter	Die Dialoge?
Dr.Antonia	Klar. Wenn es um Pommes geht, gibt es zum Beispiel immer das Majonäse-Gespräch. Das geht so: Frage: Mit Majo? Antwort: Eima mit und eima mit ohne.
Reporter	Mit ohne?
Dr.Antonia	Ja, wir im Revier geben dem Ohne meistens ein Mit mit. Zum Beispiel: Heute komm ich ma mit ohne mein Vatter.
Reporter	Und? Nimmt er Majonäse?
Dr.Antonia	Den habbich doch gaanich bei. Ich bin doch mit ohne ihn gekomm.
Reporter	Ach so. Ja, wenn er nicht da ist, nimmt er auch keine Majonäse. Ich übrigens auch nicht. Ich will nur eine Currywurst.

Dr.Antonia	Schaaf oder mittel?
Reporter	Schwein, denke ich. Schaf mag ich nicht.
Dr.Antonia	Ich lach mich kaputt. Ich wollte wissen, ob Ihre Wurst schaaf oder mittelschaaf sein soll.
Reporter	Und was wäre, wenn ich sie überhaupt nicht scharf mag?
Dr.Antonia	Gehtnich. Unsere Currywurst ist entweder echt schaaf oder mittel. Labberich hamwer nich.
Reporter	Und wenn ich meine Currywurst noch schärfer haben möchte?
Dr.Antonia	Dann sagen Sie ganz einfach: Frollein, könnse bißken nachwüazn? Dann sagt die Verkäuferin: Marrich doch glatt.
Reporter	Frau Dr. Antonia Cervinski-Querenburg, vielen Dank für dieses mittelschaafe Interview. Wat würdich mit ohne Sie nur machen?

Dr. Antonia und dat Mäuerken

Reporter	Frau Dr. Antonia Cervinski-Querenburg, heute wollen Sie einmal einen typischen Ruhrgebietssatz analysieren?
Dr.Antonia	Ja. Der Satz lautet: Weiße noch, wie den Hämann mit seine Mühle vor de Mauer geprallt is?
Reporter	Nein. Wann soll das gewesen sein?
Dr.Antonia	Das ist der Satz, den wir analysieren.
Reporter	Also gut.
Dr.Antonia	Fangen wir mit dem Anfang an. Weiße noch. Eine einfache lautliche Abschleifung. Weiße statt weißt du. Sie erscheint auch in der Frage: Weißpscheid?
Reporter	Ja, ich weiß bescheid.
Dr.Antonia	Weiter: Wie den Hämman. Steht für: Als der Hermann. Hier haben wir einen Als-Wie-Austausch, dazu den reviertypischen vierten Fall und das verschluckte, vokalverkürzende Ruhrgebiets-R. Den Als-Wie-Austausch kennt man auch von der Formulierung: Dat is, wie wennze fliegen tääts. Den vierten Fall kommt bei uns in jeden Satz mämmals vor. Das wecke R, also das R, das wegfällt, auch. Vor allem in Kannap.
Reporter	Sie halten heute Monologe.
Dr.Antonia	Mit seine Mühle. Mit seinem Auto. Ein ganz konventioneller falscher vierter Fall.
Reporter	Und diese Mühle oder das Auto prallt vor die Mauer. Was finden Sie daran so interessant?

Dr. Antonia	Weil es eigentlich nicht vor, sondern gegen die Mauer prallt. Wäre das Auto vor der Mauer, würde es nicht prallen.
Reporter	Richtig müßte es also heißen: Das Auto steht vor die Mauer.
Dr. Antonia	Nein. Es steht ja nicht, es prallt. Im Ruhrgebiet prallt es vor die Mauer.
Reporter	Es ist also noch vor der Mauer und ist gerade dabei, gegen sie zu prallen?
Dr. Antonia	Nein. Dann hieße es: Dat Auto waa grade vor die Mauer am prallen.
Reporter	Aber es ist gar nicht mehr am prallen, es hat schon geprallt?
Dr. Antonia	Ja. Vor die Mauer.
Reporter	Frau Dr. Antonia Cervinski-Querenburg, vielen Dank für diese Analyse. Leider muß ich sagen: An mich prallen diese Feinheiten ab.

Dr. Antonia und dat aufe Hemd

Reporter	Frau Dr. Antonia Cervinski-Querenburg, unser heutiges Thema ist das Hemd?
Dr.Antonia	Es geht um einen Satz, in dem dieses Bekleidungsstück vorkommt. Er lautet: Mittat aufe Hemd kommse hier nich rein.
Reporter	Ein merkwürdiger Satz. Wurde er in einem Restaurant mit Krawattenzwang gesprochen?
Dr.Antonia	Egal. Mir kommt es nur auf das aufe Hemd an.
Reporter	Müßte es nicht das offene Hemd heißen?
Dr.Antonia	Eben nicht. Wir haben es hier mit einer echten Revierspezialität zu tun.
Reporter	So?
Dr.Antonia	Ja. Auf ist ein Verhältniswort. Es würde sich von einem Hochdeutschen niemals beugen lassen. Nur wir im Revier dürfen es wie ein Eigenschaftswort behandeln. Der Hochdeutsche kann allenfalls ein Hemd auf einen Tisch legen. Ein aufes Hemd gibt's nur bei uns.
Reporter	Aufes oder aufet?
Dr.Antonia	Beides geht. Nur ein weckes Hemd können wir im Revier nicht tragen.
Reporter	Wenn das Hemd nicht da ist, muß es eben gesucht werden.
Dr.Antonia	Stimmt. Ich höre schon den Freudenschrei: Kumma hier, dat is doch dein wecket Hemd! Gezz iset widder da.
Reporter	Wenn es ein weckes Hemd gibt, müßte es eigentlich auch eine dae Hose geben.
Dr.Antonia	Ach was. Höchstens eine zue Hose, passend zum aufen Hemd.

Reporter	Kommen wir zum Ende dieser Hemdengeschichte! Hat sie ein Happy-End?
Dr.Antonia	Leider nicht.
Reporter	Nein?
Dr.Antonia	Nein. Offenbar wurde das Hemd während seiner Abwesenheit beschädigt.
Reporter	Und wie findet das seinen Ausdruck?
Dr.Antonia	So: Kärl nommaa. Den Ärmel is ap. Mitten appen Ärmel kannich dat Ding nich anziehn. Oder willze mich erzähln, dattu son Hemd mitten appen Ärmel tragen tääts?
Reporter	Auf keinen Fall. Obwohl das Hemd ja noch einen annen Ärmel haben muß.
Dr.Antonia	Einen annen Ärmel? Den gibt es genauso wenig wie ein daet Hemd.
Reporter	Frau Dr. Antonia Cervinski-Querenburg, unsere Zeit ist um. Oder, um es in Ihren Worten zu sagen: Wir müssen jetzt aufhören wegen die umme Zeit.

Dr. Antonia und das Menschliche

Reporter	Frau Dr. Antonia Cervinski-Querenburg, Sie waren ja schon wieder weg. Aber Sie kommen immer wieder ins Ruhrgebiet zurück.
Dr.Antonia	Türlich. Wegen dat Menschliche.
Reporter	Welches Menschliche?
Dr.Antonia	Das Menschliche an der Ruhrgebietssprache. Ihre Wörter zeigen, wie nahe sich die Menschen sind.
Reporter	Welche Wörter?
Dr.Antonia	Komma hier.
Reporter	Ich bin doch schon da.
Dr.Antonia	Ja doch. Komma hier - das ist so ein menschliches Wort.
Reporter	Muß das nicht heißen: Komm mal hierher?
Dr.Antonia	Hierher ist nicht so menschlich wie hier. Wer hierher sagt, beschreibt den Weg. Von dort nach hier. Wer hier sagt, beschreibt die unmittelbare Nähe. Hier iset schön.
Reporter	Wo ist es schön?
Dr.Antonia	Bei mich. Darum sagt man im Ruhrgebiet ja auch: Komm bei mich.
Reporter	Bei mich?
Dr.Antonia	Bei. Komm bei mich bei. Das ist für mich der schönste Ausdruck menschlicher Nähe und Wärme.
Reporter	Aber man kann sich doch nicht immer so auf der Pelle hocken.
Dr.Antonia	Da kann ich nur sagen: Gehmich doch weck mit sonne Miesepeterei.

Reporter	Ich halte lieber ein wenig Distanz.
Dr.Antonia	Distanz? Mitti Distanz kommse bei uns nich weit. Wenn wir im Revier sonne Distanz sehen, dann sind die wir sofort am überwinden.
Reporter	Wie denn?
Dr.Antonia	Mitti Stimme. Womittenn sonz.
Reporter	Das heißt, Sie sprechen dann einfach lauter?
Dr.Antonia	Möglichst laut und möglichst intim.
Reporter	Laut und intim? Und auf Distanz?
Dr.Antonia	Zum Beispiel im Fleischerladen. Eine gute Metzgerin ruft der Kundin am Ende der Warteschlange laut und fröhlich zu: Hallo, Frau Schultenbusch. Waanse gestern mit Ihrn Bauchspeck zufrieden?
Reporter	Frau Dr. Antonia Cervinski-Querenburg, vielen Dank für diese Auskunft über Frau Schultenbuschs Bauchspeck. Bei mich könnse sowat ja machen.

Dr. Antonia inne Sackgasse

Reporter	Frau Dr. Antonia Cervinski-Querenburg, geben Sie es zu: Ruhrdeutsch wirkt manchmal unbeholfen.
Dr.Antonia	Unbeholfen?
Reporter	Ja. Ich meine, das klappt manchmal mit dem Satzbau nicht so ganz.
Dr.Antonia	Ach, Sie meinen die Sackgasse?
Reporter	Sackgasse?
Dr.Antonia	Ja, Sätze, die in einer Sackgasse enden.
Reporter	Da müssen Sie schon ein Beispiel nennen.
Dr.Antonia	Also wenn mich wat aufe Palme bringt, dann is dat, dattat mitti metterologische Dingens und mitti Waarheit nich inne Übereinstimmung öh, weißbescheid?
Reporter	Ein überzeugendes Beispiel für eine Sackgasse. Und das finden Sie nicht holperig?
Dr.Antonia	In Ihren unbedarften Ohren mag das holperig klingen. Aber die Sackgasse entsteht nur, weil wir an der Ruhr zweisprachig sind.
Reporter	Zweisprachig? Meinen Sie rheinisch und westfälisch?
Dr.Antonia	Nein, ich meine Theken-Ruhrdeutsch und gehobenes Ruhrdeutsch.
Reporter	Und was hat das mit der Meteorologie zu tun?
Dr.Antonia	Mittat Wetter? Viel. Auf hochruhrgebiets-deutsch ginge die Wetterbeschwerde so: Also, wat mich ärgert, is dat zwischen die Metterologen und die Wirklichkeit immer keine Übereinstimmung herrscht.

Reporter	Ganz schön hoch, dieses Deutsch. Und wie lautet die Thekenversion?
Dr.Antonia	Also, wenn mich wat aufe Palme bringt, dann isdat dattat ewig am plästern is, wenn den Metterologe sacht, et täät die Sonne scheinen.
Reporter	Ja, und warum gerät der Sprecher dabei in eine Sackgasse?
Dr.Antonia	Waller manchma zwischen die eine Sprache und die andere rum am schleudern is. Wenner wie so en richtig Oddinären anfängt und dann plötzlich en fein Pinkel mackieren will. Dann gehtat inne Hose.
Reporter	Inne Sackgasse. Frau Dr. Antonia Cervinski-Querenburg, ich danke Ihnen, daß Sie für dieses Gespräch öh zu die Verfügung öh am stehen waren.

Dr. Antonia und die olle Maakmann

Reporter
: Frau Dr. Antonia Cervinski-Querenburg,
Sie finden, daß das Ruhrgebiet gleichzeitig
groß und klein ist?

Dr. Antonia
: Ja. Und das drückt sich auch in unserer
Sprache aus. Neulich am Bahnhof kommt zum
Beispiel eine Frau auf mich zu und sagt:
Schuldigense Frollein, ich muß nach eine Frau
Maakmann.

Reporter
: Und? Was hätte sie sagen sollen? Könnse mich
ma erzählen, wo die olle Maakmann is?

Dr. Antonia
: Nein. Aber die Fragestellung ließ erkennen,
daß die Fragerin offenbar meinte, jeder müßte
diese Frau Markmann kennen. Das nenne ich
Dorfgefühl. Mitten in der Großstadt.

Reporter
: Gezz sagnse bloß, Sie kennen die
Maakmannsche nich!

Dr. Antonia
: Natürlich nicht, Herr Reporter. Aber ich
staune: Wo haben Sie das gute Revierdeutsch
gelernt?

Reporter
: Von Sie natürlich.

Dr. Antonia
: Zurück zum Hauptbahnhof. Interessant an dem
Frau-Markmann-Satz ist auch seine
Ausdrucksdichte.

Reporter
: Ausdrucks-wat?

Dr. Antonia
: Dichte. In wenigen Worten wird unglaublich
viel gesagt. Ich muß nach eine Frau
Maakmann. Nicht etwa: Ich will. Sondern: Ich
muß. Das drückt aus, daß wahrscheinlich ihr
Mann zu ihr gesagt hat: Hömma, kannze ma
emt bei die Frau Maakmann vorbeikucken?

Reporter	Also ist die Maakmann eine alte Bekannte?
Dr.Antonia	Eben nicht. Auch das macht die Bahnhofs-Frage klar. Würden Sie jemanden fragen: Schuldigense, ich muß nach eine Frau Cervinski-Querenburg?
Reporter	Nicht, wenn ich Sie kenne.
Dr.Antonia	Eben. Darum war Frau Markmann keine alte Bekannte. So wie die Dinge liegen, hätte die Frau zu mir am Bahnhof sagen können: Mein Alten hat mich losgeschickt, für nach die Frau Maakmann zu suchen, aber ich hab keine Ahnung, wer dat is, und wo se wohnt, weiß ich onnich.
Reporter	Das wäre ein langer Satz. Frau Dr. Antonia Cervinski-Querenburg, watten Glück, dat Sie mich nich mit sonne lange Sachen kommen.

Dr. Antonia und das kleine Fürzu

Reporter	Frau Dr. Antonia Cervinski-Querenburg, Sie wollen schon wieder ein gutes Wort für das Wörtchen »für« einlegen. Warum?
Dr. Antonia	Weil das Wörtchen »für« in unserer schönen Ruhrgebietssprache eine Vielzweckwaffe ist.
Reporter	Eine Waffe?
Dr. Antonia	Naja, ein Wäffchen.
Reporter	Schießen Sie los.
Dr. Antonia	Wir wissen bereits, daß das Verhältniswort »für« nicht gerne alleine steht. Beispiel: Der Schlawanzuch is für im Bett. Wir wissen auch, daß »für« nicht gerne mit anderen Silben zusammensteht ...
Reporter	Da kann ich doch nix für.
Dr. Antonia	Das ist ein gutes Beispiel dafür.
Reporter	Ich habe das Gefühl, wir wissen schon alles, was wir über das Wörtchen »für« wissen wollen.
Dr. Antonia	Aber ich kann Ihnen noch mehr sagen. Unser tüchtiges »für« kann sogar einen Hauptsatz mit einem Nebensatz verbinden.
Reporter	Na, dann verbinden Sie mal schön.
Dr. Antonia	Das Periskop dient dazu, um die Ecke zu schauen. Ein umständlicher Satz. Wir im Revier können das besser: Dat Perreskoop is für umme Ecke zu kucken.
Reporter	Für umme Ecke zu?
Dr. Antonia	Für zu. Ich spreche darum gerne vom kleinen Fürzu.

Reporter	Also ich meine, dat kleine Fürzu führzu nix.
Dr.Antonia	Ein Fürzum gibt es auch.
Reporter	Was für ein Zum?
Dr.Antonia	Ich komme Ihnen zuerst wieder hochdeutsch: Die Pille dient dazu, daß die Frau, die sie einnimmt, keine ungewollten Kinder bekommt.
Reporter	Nun bin ich aber mal auf Ihr Fürzum gespannt.
Dr.Antonia	Hier ist es: Die Pille is für keine Kinder zum kriegen, wennzese nich willz.
Reporter	Das ist ja zum Kinder kriegen.
Dr.Antonia	Für zum Kinder kriegen musse mitti Pille aufhören.
Reporter	Frau Dr. Antonia Cervinski-Querenburg, höchste Zeit für zum mittat Gespräch aufhören.

Dr. Antonia und die Ruhr-Slang-Hasser

Reporter	Frau Dr. Antonia Cervinski-Querenburg, entschuldigen Sie bitte, daß ich Sie so unangemeldet störe. Aber ich habe hier eine Sache, zu der ich dringend Ihre Meinung hören möchte.
Dr.Antonia	Meinzwegen.
Reporter	Da gibt es diese Dialekt-Untersuchung. Was junge Leute von den deutschen Dialekten halten. Da schneidet die Ruhrgebietssprache ziemlich schlecht ab.
Dr.Antonia	Dat is doch Kockelores.
Reporter	Aber hier steht es doch: Von den 19- bis 29jährigen mögen nur 9,1 Prozent den Ruhrdialekt. Bayerisch ist beliebter, Berlinerisch, Kölsch und sogar Plattdeutsch.
Dr.Antonia	Watten Kappes.
Reporter	Allerdings mögen die jungen Leute Schwäbisch, Hessisch und Sächsisch noch weniger.
Dr.Antonia	Kannze ma sehn.
Reporter	Aber es gibt nicht nur die Tabelle der Lieblingsdialekte, sondern auch die Haßtabelle.
Dr.Antonia	Dat häddich mich doch denken können.
Reporter	Sächsisch und Schwäbisch haben die meisten Hasser.
Dr.Antonia	Und dat Revier? Wo hängt dat rum?
Reporter	Platz fünf. Komisch. Bei den Liebhabern landet das Ruhrdeutsch auf Platz fünf. Und bei den Hassern auch.

Dr.Antonia	Von wie viele?
Reporter	Von acht. Also ziemlich weit hinten.
Dr.Antonia	Wie kommse denn dadrauf?
Reporter	Das habe ich ausgerechnet. Platz fünf von acht - keine Spitzenposition.
Dr.Antonia	Wär ja auch Mist. Bei die Verhaßten wollnse ja nich anne Spitze stehen.
Reporter	Stimmt ja. Bei den Beliebten hinten und bei den Verhaßten hinten - das ergibt eine grundsolide Mittellage.
Dr.Antonia	Hammset langsam geschnallt? Mitti Reviersprache is dat wie mit Schalke. Die hängen auch inne Mitte rum. Aber wat wär die Bundesliga ohne Schalke? Und wat wär die deutsche Sprache ohne dat Reviergequassel?
Reporter	Frau Dr. Antonia Cervinski-Querenburg, ich danke Ihnen für diese klärenden Worte.

Dr. Antonia ist keine Berlinerin

Reporter	Frau Dr. Antonia Cervinski-Querenburg, Sie waren in Berlin?
Dr.Antonia	Und wissen Sie, was ich da festgestellt habe? Es gibt zwischen den Berlinern und den Ruhris eine regelrechte Sprachkonfrontation.
Reporter	Nee, wirklich?
Dr.Antonia	Ein exzellentes Beispiel. Die E-Ä-Konfrontation ist ganz typisch. Die Berliner sagen nee, wir sagen nää.
Reporter	Und das soll eine Konfrontation sein?
Dr.Antonia	Und ob. Beim Ä schalten die Berliner automatisch auf E: So ein Käse ist so'n Keese. Und wir im Revier schalten beim E lieber auf Ä: Glaupse nich? Dat sarrich die Lärrerin.
Reporter	Ich jlaub's ja.
Dr.Antonia	Auch gut, die J-G-Sache. In Berlin heißt es: Jetzt jibt et wat für die Jujend. Während wir sagen: Gezz gipt et wat für die Gugend.
Reporter	Tatsächlich. Wir sagen immer genau das Gegenteil von die Berliner.
Dr.Antonia	Das Gegenteil von die Berliner. Ich hätte es nicht besser sagen können. Denn hier haben wir die Hauptkonfrontation. Die Mir-Mich-Konfrontation. Oder allgemeiner: den Kampf um den dritten und vierten Fall. Das ist der Kern des Sprachstreits zwischen Revier und Berlin.
Reporter	Sprachstreit? Mir-Mich-Konfrontation? Sie machen mir ja janz navöös.

Dr.Antonia	Mirjajanz? Nää, wie dat klingt! Da wird et sogaa mich ganz komisch.
Reporter	Und warum?
Dr.Antonia	Wegen dat falsche Berliner »mir«. Die Berliner können einfach nicht »mich« sagen.
Reporter	Ährlich nich?
Dr.Antonia	Nää. Die sagen zum Beispiel: Also, für den Karneval kann ich mir nicht begeistern.
Reporter	Ich mich aber.
Dr.Antonia	Wir anne Ruhr können über so ein falsches »mir« nur lachen. Wir lassen uns unser »mich« nicht nehmen.
Reporter	Ich mich meins auch nich.
Dr.Antonia	Ehmt. Wennze mich nämmich mein »mich« nich läßt, kannze dich en andern Gesprächspartner suchen.
Reporter	Frau Dr. Antonia Cervinski-Querenburg, ich bedanke mir auf Berlinerisch und wünsche Sie auf Ruhrdeutsch allet Gute.

Dr. Antonia is am Fragen stellen

Reporter   Frau Dr. Antonia Cervinski-Querenburg, heute wollen Sie mit mir ein bißchen Grammatik betreiben?

Dr. Antonia   Ja. Versuchen wir es mal mit dem Beugen.

Reporter   Sie sagten Grammatik, nicht Gymnastik.

Dr. Antonia   Ich spreche auch nicht von Kniebeugen. Zum Beispiel möchte ich das Verb fragen beugen.

Reporter   Fragen Sie nicht lange, beugen Sie!

Dr. Antonia   Dabei handelt es sich streckenweise um eine Umlautbeuge.

Reporter   Wenn Sie jetzt nicht langsam losbeugen, verbeuge ich mich und gehe nach Hause.

Dr. Antonia   Also los. Fragen: Ich frach dich gezz ma wat ganz Blödet.

Reporter   Aha. Das war die Ich-Form. Die erste Person Einzahl. Und wie lautet die Du-Form? Die zweite Person Einzahl?

Dr. Antonia   Wennze mich so blöd fräächs, krisse auch ne bescheuerte Antwort.

Reporter   Ah, das war wohl die Umlautbeuge. Fräächs. Ich frach, du fräächs. Klarer Fall. Und wie ist das mit der dritten Person?

Dr. Antonia   Ette waa ihn grade am fragen, da fräächt er sie doch glatt zurück.

Reporter   Donnerwetter. Umlaut mit Verlaufsform. Sie war am fragen, er fräächt. Welche Variationsfülle! Und die Mehrzahl?

Dr.Antonia	Wir können ja schon unheimlich schaaf fragen, aber ihr fräächt einen ja glatten Loch im Bauch.
Reporter	Wir fragen. Eine klare, schmucklose, ja geradezu korrekte Formulierung. Ihr fräächt - das hat mehr urwüchsige Kraft und wird durch das Loch im Bauch zum wahrhaft kernigen Revierdeutsch. Fehlt nur noch die dritte Person Mehrzahl.
Dr.Antonia	Wennsese mitti Fragerei gestern nicht so om Keks gegangen wären, hättensese heute noch wat fragen können, ohne dazze ne pampige Antwort gekricht hätten.
Reporter	Wennsese ohne dazzene? Frau Dr. Antonia Cervinski-Querenburg, ich frääch mich manchmal wirklich, warum ich Sie immer wieder so viele Fragen stelle. Stellen tu. Am stellen bin. Frääch ich mich manchma.

Dr. Antonia und dat Hei-Teck

Reporter Frau Dr. Antonia Cervinski-Querenburg, Sie bestreiten, daß das Ruhrgebietsdeutsch eine im Kern altmodische, bäuerlich-niederdeutsche Sprache ist?

Dr.Antonia Das Niederdeutsche bestreite ich nicht. Dat Wat und Dat kann ja wohl nicht schwäbisch sein. Aber altmodisch? Bäuerlich? Wir im Revier? Wo dat Hei-Teck lebt?

Reporter Wollen Sie etwa behaupten, daß das Ruhrgebiet eine supermoderne High-Tech-Sprache spricht?

Dr.Antonia Wat heißt hier supper. Hüpper! Hüppermondän kann unsere Sprache sein.

Reporter Wie bitte?

Dr.Antonia Hypermodern. Ich seh schon, dat Sie diese neumodischen Ausdrücke nich packen.

Reporter Bis jetzt habe ich jedenfalls noch kein wirklich hochtechnologisches Wort von Ihnen gehört.

Dr.Antonia Waatense ap, wenn ich erst so richtig rum am rämmen bin, vergeht Sie Hörn und Sehn.

Reporter Rum am rennen?

Dr.Antonia Nicht rennen, rämmen. Den Computer sein Gedächtnis kennse wohl nich. Dat ROM und das RAM? Und watter so alles in sein Elektronhirn am rumhängen hat?

Reporter Ach, Sie meinen die Hardware?

Dr.Antonia Dat Räm is doch keine Haatwahre. Dat is Softwahre.

Reporter	Und das ROM?
Dr.Antonia	Dat Römken auch. Genauso wie die kleinen Bitzkes.
Reporter	Bitzkes?
Dr.Antonia	Die Bits. Und die Beitz.
Reporter	Die Beitz? Das klingt aber nicht sehr höflich. Ich möchte nicht hören, was der Herr Beitz dazu sagt, wenn Sie so von seiner Frau reden.
Dr.Antonia	Ich mein doch die Bytes. Dat sind so Stückskes vonne Kappezität von den Computer.
Reporter	Ach so, diie Bytes. Wie die Mega-Bytes. Die kenn ich.
Dr.Antonia	Na, wer sacht's denn. Ich dachte schon, bei Sie wär dat Moddem am rappeln.
Reporter	Frau Dr. Antonia Cervinski-Querenburg, wenn Sie so loslegen, hauttatat stärkste Modem um.

Dr. Antonia und das der die das

Reporter	Frau Dr. Antonia Cervinski-Querenburg, kennen Sie eigentlich einen Satz mit der die das?
Dr. Antonia	Was heißt hier einen? Den. Den Satz mit der die das kenn ich.
Reporter	Und welcher ist das?
Dr. Antonia	Unser Gaby krichten Kind. Der die das gemacht hat, is abgehaun.
Reporter	Genau. Den meinte ich auch.
Dr. Antonia	Ist aber falsch.
Reporter	Falsch? Wieso?
Dr. Antonia	Jedenfalls kein richtiges Ruhrdeutsch.
Reporter	Nein? Gerade das die, dachte ich, sei ganz typisches Ruhrdeutsch.
Dr. Antonia	Aber nicht das das. Richtig wäre: dat dat.
Reporter	Also der die dat?
Dr. Antonia	Der die dat gemacht hat.
Reporter	Kommt es denn wirklich auf dat dat an?
Dr. Antonia	Nicht unbedingt. Ob dat oder das: Die Formulierung hat auch so einen gewissen Ruhrgebiets-Charme.
Reporter	Ein ausgesprochen grammatikalischer Charme, wie ich annehme?
Dr. Antonia	Ausgesprochen. Die Sache ist kurz, würzig und schwebt haushoch über allen engen Wem-Fall-Vorschriften.
Reporter	Sie meinen: Is haushoch über alle enge Wen-Fall-Vorschriften am schweben.

Dr. Antonia	Gut gesagt, Herr Reporter. Der die dat. Eigentlich müßte man ja sagen: Derjenige, der ihr das Kind gemacht hat ...
Reporter	... hat sich verdünnisiert. Und was tun wir jetzt?
Dr. Antonia	Jetzt wundern wir uns.
Reporter	Worüber?
Dr. Antonia	Datti den dat durchgehn läßt.
Reporter	Datti den wat durchgehn läßt?
Dr. Antonia	Datti den dat durchgehn läßt, dat der die dat Kind gemacht hat und dann abhaut.
Reporter	Hatti den dat denn durchgehn lassen?
Dr. Antonia	Wat wissen wir schon, watti den hat und watti den nich hat.
Reporter	Frau Dr. Antonia Cervinski-Querenburg, danke für dat ... ja, wat waa dat nu? Dattat en Gespräch waa, waach ich nich zu sagen.

Dr. Antonia unti Aatischocken

Reporter	Frau Dr. Antonia Cervinski-Querenburg, mögen Sie eigentlich Artischocken?
Dr.Antonia	Wat für Schocken?
Reporter	Arti...
Dr.Antonia	Ach, das Gemüse meinen Sie. Die Aatischocken. Ich dachte schon, Sie wollten mich zum Schuster schicken.
Reporter	Zum Schuster?
Dr.Antonia	Na, wegen die Schocken. Kennse doch. Ich muß mich ma die Schocken repperiern lassen.
Reporter	Ach was. Über das Essen möchte ich mit Ihnen sprechen. Über die Ruhrgebiets-Cuisine.
Dr.Antonia	Wat für ne Kusine?
Reporter	Jetzt ist aber Schluß. Die Ruhrgebietsküche meine ich und ihre tiefere Bedeutung. Was ist die fürs Revier typische Eßphilosophie?
Dr.Antonia	Es gibt zwei, die alte und die neue.
Reporter	Also, zuerst die alte Eßphilosophie des Ruhrgebiets.
Dr.Antonia	Die ist ganz kurz. Sie geht so: Dat maach ich nich! Wat is dat?
Reporter	Sehr interessant. Zuerst also die Ablehnung: Dat maach ich nich! Und erst dann der Wunsch nach Information: Wat is dat?
Dr.Antonia	Richtig. Dieses Zögern galt für alle Speisen, die nicht hauptsächlich aus Braatzkatoffeln bestanden.
Reporter	Braatzka...
Dr.Antonia	...toffeln. Jau.

Reporter	Eine konservative Grundhaltung also?
Dr.Antonia	Heute nicht mehr.
Reporter	Und wie lautet die Eßphilosophie des Ruhrgebiets heute?
Dr.Antonia	Man kann auch sie in einen Satz fassen: Hasse noch wat von dein töftet Rattatui übber?
Reporter	Ratta wat?
Dr.Antonia	Tatui. Dat Rattatui kennse doch, is französisch.
Reporter	Französisch? Wie die Auberginen und die Kalorien? Das ist ja fast schon schickimicki.
Dr.Antonia	Die Kallerien sind doch nich französisch. Und wir im Revier nehmen aus der schicksten Aubergine den Micki raus. Und zwar so: Also an eure Obberschienen kann ich mich kaputt dran fressen.
Reporter	Frau Dr. Antonia Cervinski-Querenburg, ich wünsch Sie en bongen Appetit.

Dr. Antonia und dat Die Sie

Reporter	Frau Dr. Antonia Cervinski-Querenburg, wo waren Sie denn so lange?
Dr.Antonia	In Die Sie.
Reporter	Wie?
Dr.Antonia	Die Sie. Hauptstadt vonne Staaten.
Reporter	Das ist doch Washington.
Dr.Antonia	Sarrich doch. Washington D.C. Die Sie.
Reporter	Finden Sie das nicht ein wenig angeberisch ...
Dr.Antonia	Dattich so mittat Die Sie om Putz hau?
Reporter	Ja.
Dr.Antonia	Überhaupz nich. Wir anne Ruhr sind nu ma welterfahren. Und wir ham en feinet Ohr für diese flotten Abkürzünxkes.
Reporter	Ja, ja, ich weiß, die flotten Ruhris ...
Dr.Antonia	Gezz kukzie doch den blanken Neid ausse Wäsche raus.
Reporter	Auf was soll ich denn neidisch sein?
Dr.Antonia	Dazzie noch nie nach El Eh gedüst sind.
Reporter	El Eh? O je.
Dr.Antonia	Kennse onnich? Kallefornien? Gehört soga Holliwutt zu.
Reporter	Ach, Los Angeles.
Dr.Antonia	Wazzonz. Aber bei die Globetrotters vonne Ruhr heißt dat Dingen El Eh.
Reporter	L.A.!
Dr.Antonia	Gehnfalz nich Fritzko.
Reporter	Fritzko?

Wer über das Wass

Klaus Kämpgen, London

Wenn die Briten einen Menschen von auswärts, von jenseits des so allseitigen Wassers, besonders auszeichnen wollen, nennen sie ihn „anglophile". Damit drücken sie aus, daß dieser Mensch englischer Kultur und englischer Lebensart zuneigt. Es besagt eigentlich: Man kann ihm trauen, er ist einer von uns. „Anglophile" sind demnach eine Art Ehren-Briten. Der Baron Hermann von Richthofen, der frühere deutsche Botschafter, war ein anerkannter „anglophile". Über diese Stufe jedoch gelangte der Wissenschaftler und einstige FDP-Politiker Ralph Dahrendorf weit hinaus. Er besitzt nicht nur die britische Staatsangehörigkeit, sondern wurde inzwischen zum Lord ernannt. So weit kann es auch ein Ausländer in Großbritannien bringen.

Doch verbindet diese beiden prominenten Herren nur sehr wenig mit den farbigen Asylbewerbern, die da vom Flughafen Heathrow in eines der Wartelager überstellt werden. Alle, die über das Wasser hereinkommen, gliedern sich eben in sehr unterschiedliche Ränge, aber gemeinsam haben sie, daß sie keine echten Briten und letzlich „anders" sind. Womöglich würden sie auch den von dem früheren konservativen Parteiführer Lord Tebbit erfundenen Kricket-Test nicht bestehen.

Als Inselbewohner, die keine wirklichen Nachbarn haben, tun sich die Briten mit Ausländern schwer. Für die Völker die ihnen auf dem Kontinent am nächsten kommen, halten sie alte, aber bis heute gültige sprachliche Deftigkeiten bereit. Die Franzosen sind immer mal wieder „Frösche". Herablassung gegenüber den Niederländern zeigen Begriffe wie Dutch courage („holländischer Mut" — den man sich antrinkt) oder double Dutch, das englische Wort für „Kauderwelsch" Belgien halten sie für das „langweiligste Land der Welt".

Die vielen wohlerzogenen Briten sind aber, ganz wie geschultes Pflegepersonal, unbedingt gewillt, das angeborene Manko des Ausländers mit einem Lächeln zu übersehen. Für die Begegnung mit Deutschen wurde schon früh die Lösung ausgegeben: „Nicht vom Krieg sprechen." Die Nachbarn von nebenan sind so taktvoll die Militärklamotte über die Deutschen, die im Fernsehen so populär ist, für geschmacklos zu halten. Der Handwerker, der im Garten den Zaun richtet gesteht mit einer sonst nicht üblichen Vertraulichkeit, seine Mutter sei eine Deutsche.

In London und anderen belebteren Landstrichen, in denen inzwischen die Zahl der deutschen Firmen und Einrichtungen zunimmt, kann man sich mit Kontakten solcher Art begnügen. Deutsche halten Beziehungen zur deutschen Schule in Richmond, be

Kockelores an Heilich Ahmt

Ausse Tagebücher vonne Dr. A. Cervinski-Querenburg

Heilich Ahmt is ja en blödet Datum für so en Tagebuch. Wat sollze da reinschreiben? Kannzich eintlich nur blamiern. Wegen die ganze Vorschriften fürn Heilich Ahmt.

Wennze se einhälts, de Vorschriften, dann musse reinschreiben, datta widder ma nix los waa. Allet schön heilich bis im frühen Morgen. Pappa friedlich, Blagen brav. Kannze ja nix gegen sagen. Aber für im Tagebuch is dat donnix. Wenne dat dann hinterher nomma lesen willts, schläfse ja bei ein.

Und wennze se nich einhälts, de Vorschriften, dann kucken dich de Leute hinterher so komisch vonne Seite an. Wie eine, dieße nich überm Wech trauen kannz. Weil se nonimma annen Heiligen Ahmt en bißken Ruhe geben kann. Ewich Halligalli inne Gänge. Kann doch wat nich mit stimmen mit die.

Ein Glück, datte im Tagebuch auch reinlügen kannz. Denxich eimfach wat Schönet aus.

Könnt ich zum Beispiel gezz so wat reinschreiben wie, dat ich diesen Heiligen Ahmt widder sonne olle Omma übber de Straße geholfen hätt. Und dat ich mein Gatte, den Queri, keine Gadienenpredicht gehalten hätt, weil er ewich bein

Baumschmücken de Mücke macht. Oder datwer en ganzen Ahmt nich im Fernseher gekuckt hätten. Und datwer de Weihnachtslieder alle selber gesungen hätten, anstatt dat den Bing se aufe Zehdeh am

röhren waa. Den mit seine „Weit Kirmeß" oder wie dat Liedken heißt. Und datwer diesma Schluß mitti Pichelei gemacht hätten. Und nich so viel Magnese im Katoffelsalat. Wegen de schlanke Linige.

Dat könnt ich allet im Tagebuch reinschreiben. Tät kein Schwein merken, dattat Kockelores is. Weilze so en Tagebuch irxwie glauben tuß.   ***bon***

Dr. Antonia Cervinski-Querenburg: Aus meine Tagebücher 1993, von Rainer Bonhorst, 7,50 DM, in allen WAZ Geschäftsstellen.

Dr.Antonia	So ähnlich. Frisco. San Francisco.
Reporter	O je. Und da sind Sie überall hingedüst?
Dr.Antonia	Aufe Suche nach die weitgereisten Ruhris.
Reporter	Und die kennen die ganzen Abkürzungen?
Dr.Antonia	Türlich. Wat meinsie, wazzich so allet in Casa rumtreibt.
Reporter	Blanca? Das ist doch Afrika.
Dr.Antonia	Jau. Und am Mandscharo.
Reporter	Ammantscharo? Wer ist das denn?
Dr.Antonia	Na, diesen Killi. Da stiefeln jede Menge Leute rauf.
Reporter	Und die Leute aus dem Ruhrgebiet reisen ständig zwischen Casa und El Eh herum?
Dr.Antonia	Manchma bleimwer auch in C.R.
Reporter	Frau Dr. Antonia Cervinski-Querenburg, waddoch klaa, dazzie irnxwann in Castrop-Rauxel landen würden.

Sprache im Ruhrgebiet

Die Grundlage:
Lexikon der Ruhrgebietssprache

Das Lexikon führt dem Einheimischen vor Augen, daß er eine ganz eigene, urtypische Sprache besitzt, auf die er stolz sein kann. Dem Fremden ist es dabei hilfreich, wenn er den Menschen an Ruhr, Rhein und Emscher mal richtig aufs Maul schauen will.

Werner Boschmann
Lexikon der Ruhrgebietssprache
1000 Worte Bottropisch
132 Seiten

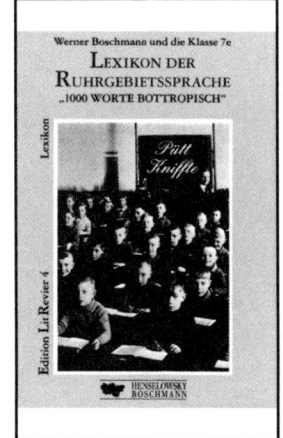

Das literarische Beispiel:
Max und Moritz im Kohlenpott

Ruhrgebiets-Fans kommen gar nicht umhin, das giftgelbe Büchlein einfach toffte zu finden. Denn Autor Jott Wolf hat die weltbekannte Lausbubengeschichte mit sehr viel Witz, Pfiff und Schmackes ins Ruhrdeutsche übersetzt.

Jott Wolf
Max und Moritz im Kohlenpott
De Rotzigen vonne Ruhr
80 Seiten, gebunden

- überall im Buchhandel -
Gesamtkatalog beim
Verlag Henselowsky Boschmann
Kiek ut 20, 4300 Essen 11